13251

A Messieurs les PRÉSIDENT et JUGES du Tribunal de Commerce de la Seine.

Messieurs,

Si la bonne foi doit être la base des transactions commerciales, et si vous êtes institués pour y ramener celui qui s'en écarte, jamais affaire n'a dû fixer autant que celle dont je vais avoir l'honneur de vous entretenir, les regards des magistrats, afin qu'ils puissent opposer un frein aux opérations qui se font par des êtres qui se disent négocians, et qui n'ont d'autre but que la ruine et la désolation de ceux qu'ils enveloppent dans leurs filets.

Il s'agit d'une contestation qui s'est élevée entre Pinault, Boulouvard et moi, d'une part, et Lambert, négociant, d'autre. Je vais vous l'expliquer, en ne vous disant que la vérité.

Après avoir passé vingt-sept années de ma vie en Angleterre, où j'ai encore ma femme et trois enfans, je ne m'étais établi à Paris que depuis très-peu de temps.

J'y fis la connaissance de M. Boulouvard et formai avec lui des liaisons que les grands événemens politiques dont nous étions témoins pouvaient, surtout du côté de l'Angleterre, rendre respectivement utiles.

Des êtres officieux vinrent à la fin de 1817, nous proposer, à Pinault et moi, une première opération de 8000 francs, qui eût lieu par l'intermédiaire d'un nommé Bonneville, à qui le sieur Pinault, qui était censé notre agent, avait remis les traites qui étaient tirées par moi à son ordre, sur Boulouvard, et dès le début, ce même Bonneville abusa de notre confiance en dissipant la quotité d'argent qu'il en avait reçu, et qui s'élevait à la somme de 2300 fr.

Bonneville en fit l'aveu par écrit, en implorant notre indulgence et en déclarant qu'il avait traité avec les sieurs Lambert, à qui il avait passé les traites, sans avoir pris livraison des vins qui complétaient l'opération ; mais il nous fit insinuer en même temps par un sieur Piconet, que Lambert, qui connaissait la solvabilité de M. Boulouvard, pour avoir été bien payé auparavant de ses acceptations se prêterait à une seconde opération pour une somme même plus importante, et dans laquelle il nous ferait retrouver un dédommagement de la perte qu'il nous occasionnait.

Pinault se mit en course pour déterrer et les Bonneville, et les Lambert, et les Piconnet, qui étaient pour M. Boulouvard et pour moi des êtres inconnus, et il revint avec la confirmation de la conduite honteuse de Bonneville, contre lequel il n'y avait que la voie de la plainte, et avec la proposition que lui fit Lambert de nous dédommager et faciliter notre courant par une nouvelle opération dans laquelle nous serions bien traités, et qu'on pouvait porter à vingt et quelques mille francs, ajoutant que les fonds et les marchandises qu'il y destinait étaient tout prêts.

Vous le savez, Messieurs, la première pensée de l'homme d'honneur est de ne rien laisser en souffrance, quand il a surtout la perspective de pouvoir le faire à l'aide de quelques sacrifices ; ce fut le seul motif qui détermina M. Boulouvard à nous confier pour 21,500 fr. de ses acceptations à mes traites, à l'ordre de Pinault.

Celui-ci vint me dire, deux ou trois jours après, qu'il avait traité pour la totalité des effets avec le sieur Lambert, contre 6500 fr. d'argent, qu'il reçût, et le surplus en vins, partie en pièces, partie en bouteilles.

Les prix de ces derniers nous parurent exhorbitans ; mais comme les prix suivent les qualités, nous ne pouvions rien préjuger sans les faire déguster.

Quel fut notre étonnement, Messieurs, lorsque nous apprîmes que les dix pièces qui étaient cotées à 1200 fr. la pièce n'en valaient que 200 fr. au plus, et les bouteilles dans la même proportion?

Je me transportai de suite chez le sieur Lambert, et lui représentai, avec l'accent de l'indignation dont j'étais pénétré, combien sa conduite était répréhensible; et, en lui déclarant que le sieur Pinault n'était qu'un prête nom, un simple agent, je venais en conséquence l'engager à résilier cette affaire en lui offrant les 6500 fr. que nous avions reçus, faute de quoi les vins resteraient pour son compte, et que j'allais protester contre tout paiement des 21,500 fr. d'effets qu'il avait subtilisés à la crédulité ou à la complicité de Pinault.

Lambert n'y eut aucun égard; il prétendait même qu'entre majeurs toute opération était licite; et c'est cette doctrine qu'il a l'impudence de soutenir devant vous!

Nous déployâmes alors tous nos moyens pour la première opération, parce qu'il était naturel de penser qu'en réclamant justice devant les tribunaux de police correctionnelle, tant contre Bonneville que contre Lambert et consorts, nous ferions planche pour la seconde, puisque les vins provenant de la première ainsi que ceux de la seconde étaient toujours restés au pouvoir de Lambert, et qu'une affaire d'ailleurs, quelle qu'elle soit, ne peut être consommée qu'avec l'assentiment des parties intéressées qui y concourent.

Or, ici point de livraison, point de facture, aucun document enfin que Lambert puisse invoquer contre nous, si ce n'est l'intention perfide de suborner un agent pour usurper des titres en ne fournissant que le tiers de leur valeur.

Dans ce sens, Pinault nous avait bien desservi; et s'il n'a à se reprocher que trop de faiblesse, les résultats qui en sont découlés sur nous, sont bien affreux!..... Quoiqu'il en soit, il était sensé porteur des titres que nous avions souscrits; c'était lui qui, aux yeux de la loi, était fondé à se plaindre des Bonneville, Lambert et consorts; et c'est en effet lui qui porta plainte.

Vous dire, Messieurs, qu'elle est la fatalité qui a fait absoudre Bonneville et Lambert, par le tribunal de police correctionnelle, serait chose assez difficile; mais je dirai que si Pinault a eu la première faute de compromettre nos valeurs et nos intérêts en traitant avec Lambert, il en a commis une bien plus grande en désertant, pour ainsi dire, la cause qui lui était propre, puisqu'il n'a jamais paru à l'audience, malgré que sa délicatesse et même son honneur lui fissent un devoir rigoureux de faire disparaître tout soupçon d'infidélité qui pouvait planer sur sa tête, pour avoir travaillé aussi imprudemment qu'il l'a fait, avec les Bonneville et les Lambert.

Durant et pendant cette instance, les traites de la première et de la deuxième opération sont venues à échoir. Des tiers porteurs trop complaisans en ont exigé le paiement. MM. Lafond, Ladebat et autres se sont désistés de leurs actions, mais il en est encore qui veulent coopérer à cette œuvre d'iniquité; tels sont les Daugny frères, Devaux, etc.

Tout autre que Lambert aurait accepté la proposition que je lui fis à l'instant du premier protêt de ces traites, de lui remettre les 6,500 fr. dont il a été question, et 2,000 fr. en sus pour lui tenir lieu de dédommagemens des intérêts de ces 6,500 fr., et des frais judiciaires auxquels il avait été exposé; mais lui qui ne rougit de rien, a resaisi les titres que les porteurs bénévoles lui ont rendu, et a préféré nous actionner devant vous, Messieurs, à sa propre requête.

Voyez l'homme maintenant et jugez de sa pudeur!...

C'est dans cet état que Pinault Boulouvard et moi avons été assignés à la requête de Lambert, au payement de plusieurs de ces traites. Votre sagacité vous a fait reconnaître cette demande peu délicate, puisque, avant faire droit, vous avez renvoyé les parties pardevant M. Herbault, que vous nommâtes arbitre, à l'effet de nous entendre, de faire compte, et de vous en faire rapport.

M. Herbault s'en est occupé, et, permettez-moi de vous le déclarer, Messieurs, c'est avec un sentiment bien pénible que j'entreprends de vous démontrer à quelle erreur les hommes peuvent se livrer, puisque l'arbitre éludant la question qu'il avait à traiter d'une vente licite ou illicite, consommée ou non, a écarté tous nos dires et productions, pour consacrer la dangereuse doctrine que toute vente est bonne, fut elle le fruit de la surprise, du dol et de la fraude.

Ce rapport, Messieurs, est imprimé à la suite de ce mémoire. Je vous supplie d'en prendre connoissance, car je ne le mets sous vos yeux que pour me justifier de l'espèce d'acrimonie que l'on pourrait m'attribuer, en me permettant de critiquer un rapport fait par l'arbitre de votre choix.

Oui, Messieurs, ce rapport est vicieux :

1°. Parce que M. Herbault n'a pas légalement agi, attendu que le jugement, qui l'a constitué arbitre, n'a jamais été levé, ni notifié aux parties et encore moins remis à M. Herbault.

2°. Parce que M. Herbault dit sans nécessité, dans ce rapport, que si Lambert s'est permis une opération intollérable pour tout autre que pour lui, c'est que les signatures Boulouvard, Gassiot et Pinault n'étaient point connues sur la place, ce qui légitimait, en quelque sorte, la voracité du Sieur Lambert. Doctrine très-immorale que les fripons s'empresseraient d'adopter.

3°. Parce que M. Herbault vous laissait ignorer que précédemment le Sieur Lambert avait escompté pour 16000 fr. d'acceptations de M. Boulouvard, qui avaient été payées, ce qui le rendit très-empressé à s'en procurer d'autres avec peu ou point de valeur en subjugant les porteurs postiches ou apparents.

4°. Parce qu'il dit faussement dans ce rapport que nous avons mandié un accommodement en faisant l'offre de 15,000 fr., tandis que M. Herbault, sait que cette proposition vint de Lambert, et que je m'y suis constamment opposé dans toutes les lettres et mémoires que je lui ai adressés, à lui M. Herbault.

5°. Parce que M. Herbault vous a laissé ignorer que pendant qu'il était saisi de cette affaire, il fut procédé du consentement des parties, à l'estimation des vins des deux opérations par les sieurs Galois fils et Réné, et que le résultat en fut que la pièce de vin que Lambert avait eu la prétention de vendre à raison de 1200 fr., ne fut estimée que 400 fr., valeur à l'époque de l'opération et à 300 fr. lors de l'estimation, et les bouteilles qu'il voulait passer au prix modeste de 5 fr. réduites à la simple valeur de 1 fr. (Voyez pièces N° 2 et 3, ci-après).

6°. Parce que M. Herbaut vous a dissimulé un point bien important dans la cause, qui est relatif à la quotité de la somme comptée par Lambert à Pinault, vu que le premier soutenait avoir compté 8000 fr., tandis que Pinault n'avait remis que 6500 fr., et que pendant les débats qui eurent lieu chez M. Herbaut, il déclara que si Pinault n'avait compté que cette somme, c'est que les 1500 francs restans furent alloués par lui à Pinault, *pour le récompenser, sans doute, de la complaisance qu'il mit à nous engager dans cette affaire.*

7°. Enfin, parce que M. Herbault a passé sous silence un reçu de 5000 fr. concédé par Lambert, à Pinault, pour valeur des dix pièces de vin, à raison de 500 fr.; reçu qui lui a été exibé et qui est au procès.

Il résulte de toutes ces erreurs et omissions, de M. Herbault, que l'interlocutoire ordonné par le tribunal, n'a pas été exécuté; mais ce qui vous paraîtra bien plus extraordinaire, c'est de voir M. l'arbitre, qui reconnaît que Boulouvard et Gassiot sont lésés d'une manière atroce, être d'avis dans les conclusions de son rapport, que MM. Gassiot, *souscripteur*, Boulouvard, *accepteur* et Pinault, *endosseur, doivent payer la somme de 21,200 francs, montant des traites existantes entre les mains du sieur Lambert*, tandis que M. Herbault convient que Lambert avait réduit sa prétention, en sa présence, à la somme de 15,000 fr., et que d'un autre côté, il existe au procès la quittance du sieur Lambert, de la somme de 5,000 fr., qu'il déclare avoir reçu du sieur Pinault, pour les dix pièces de vin, y est-il dit, *qui sont déposées chez M. Ducarruge, jeune*, qui sont identiquement les mêmes que le sieur Lambert a su élever à la somme énorme de 12,000 fr.; de sorte que ces dix pièces de vin ont déjà été payées d'après la preuve écrite qui émane de notre adversaire, et qu'il faut conséquemment en écarter du compte les 12,000 fr., pour lesquels ces dix pièces figurent, ou bien, même dans le système de M. *Herbault*, puisqu'il veut rendre valide ce marché, tout injuste et immoral qu'il est, devait-il au moins, sur les 21,200 fr. auxquels il veut nous faire condamner, en déduire les 5000 fr. dont cette quittance fait mention.

Je crois avoir prouvé, Messieurs, 1° que l'affaire est des plus révoltantes; 2° que M. Boulouvard et moi n'y avons été entraînés que par l'imprudence que mit le sieur Pinault, dans la première opération, et par la perspective qu'on présenta d'un dédommagement par la seconde, puisque le sieur Lambert, qui avait l'air de nous plaindre de l'inconduite de Bonneville, qui nous frustra du premier argent qu'il lui compta, nous le fit espérer par le canal de Pinault, ce qui nous détermina à lui confier les 21,500 fr. de traites dont est question.

Il ne reste donc qu'à vous convaincre du peu de foi que vous devez ajouter aux efforts que M. Herbault prétend avoir fait pour nous concilier avec Lambert. Pour cela, messieurs, il vous suffira de lire les deux lettres que j'ai écrites au sieur Lambert lui-même, à l'occasion d'une visite qu'il me fit dans le temps que M. Herbault faisait son rapport, et vous y verrez, avec toute la clarté possible,

1°. Que l'homme qui m'avait fait écrouer et fait vendre mon mobilier pendant que j'étais détenu, ne dédaignait point de venir me voir afin de me calmer sous des dehors perfides; et notez, Messieurs, qu'il y était intéressé, car c'est au mépris de votre jugement interlocutoire, qui était suspensif de toute exécution en vertu des titres formant ensemble les 21,500 fr., dont s'agit, que j'ai été dépouillé de tout mon mobilier, écroué ici et déchiré dans mon honneur et ma réputation. Aussi fais-je des réserves expresses pour conserver la plénitude de mes droits que je ferai valoir en temps et lieu, en réparation de tous ces griefs.

2°. Que ce même homme qui, d'après la version de M. Herbault, ne s'était relâché qu'avec peine à la somme de 15,000 fr., me faisait néanmoins proposer par la Dame Pinault, qu'il se contenterait de 10,000 fr. en transigeant pour les deux opérations; ce qu'il a refusé dès qu'il a eu connaissance du rapport qui surpassait ses espérances.

Mais cette rétractation ne l'accuse pas moins de bassesse et de fourberie, parce qu'il n'est pas permis de se jouer ainsi de ses victimes.

Plein de confiance dans vos lumières et votre équité, Messieurs, je demande la résiliation pure et simple du marché ou prétendu marché fait entre Pinault et Lambert, aux offres que M. Boulouvard et moi faisons, ainsi que nous l'avons toujours fait, de remettre les 6500 francs que nous avons reçus, au moyen de quoi il lui sera loisible de disposer, comme il a pu le faire, des dix pièces de vin et des bouteilles qui ont trait à sa deuxième opération, à la charge, par le sieur Lambert, de nous rendre les 21,500 fr. de traites, sans être passibles d'aucun frais, et le condamner en outre aux dépens. Vous ferez justice.

GASSIOT.

A Sainte-Pélagie, le 11 novembre 1818.

(Copie de Rapport, du 17 octobre 1818. — N° I.)

RAPPORT.

De M. HERBAULT, arbitre dans la contestation entre MM. LAMBERT, demandeur, BOULOUVARD, GASSIOT et PINAULT, défendeurs.

A MM. les Président et Juges du Tribunal de Commerce,

MESSIEURS,

PAR votre jugement en date du 18 août 1818, vous me fîtes l'honneur de me nommer arbitre de la contestation entre M. Lambert, négociant à Paris, et MM. B. G. et P. tous trois négocians à Paris.

POINT DE FAIT.

Le sieur Lambert escompte des traites souscrites par M. Gassiot, et acceptées par M. Boulouvard, pour 29500 fr. en deux opérations; la première, de 8000 francs, la seconde de 21500 francs.

Les traites acceptées par le sieur Boulouvard étaient souscrites ou passées par le sieur G. à l'ordre de M. Pinault, qui les endossa, et passa 8000 francs à l'ordre de M. Picaunet, et 21500 au sieur Lambert.

La première traite ne fut point payée à son échéance. Lors de la demande en paiement de ladite traite, on justifia d'une plainte en police correctionnelle faite par le sieur Pinault contre le sieur Lambert et autres endosseurs. Ces derniers, après explication, furent renvoyés de la plainte, et ledit sieur Lambert le fut aussi par jugement contradictoire du 26 mai 1818, qui déboute le sieur Pinault.

Pendant cet intervalle, plusieurs autres traites vinrent à échoir : on reprit les poursuites pour le tout; et deux jugemens contradictoires du tribunal de commerce, en date du 12 juin 1818, qui, attendu l'appel interjeté par le sieur Pinault du jugement de police correctionnelle, surseoit à son égard; mais attendu, d'un autre côté, que ce dernier jugement rejete la plainte, d'où il suit nécessairement la présomption que cette plainte était mal fondée, et pour assurer les droits du demandeur, ordonne et par corps le dépôt à la caisse d'amortissement des sommes dues.

En vertu de ces jugemens le sieur Lambert poursuit le sieur Boulouvard qui disparaît et ne fait point le dépôt ordonné.

On procède à la Cour royale sur l'appel du jugement de police correctionnelle : la Cour royale confirme le premier jugement par arrêt du 28 juillet 1818; rendu par défaut, le demandeur ne s'y étant pas présenté.

Le sieur Lambert reprit alors les poursuites devant le tribunal de commerce qui, avant de faire droit, renvoie les parties devant le soussigné, qu'il nomme arbitre par jugement du 18 août 1818, pour entendre les parties, les concilier, si faire se peut, ou faire son rapport.

En vertu dudit jugement, le sieur Lambert fit faire sommation aux sieurs B. G. et P. de se rendre chez l'arbitre le 31 août 1818, à 6 heures du soir.

Les sieurs G. et P. s'y firent représenter par des fondés de pouvoirs, et M. Pinault par sa femme. On discuta l'affaire, et M. Lambert dit que les signatures B. G. et P. n'étant pas connues sur la place, cette affaire ne pouvait être considérée comme une négociation ordinaire ; que risquant beaucoup, ses bénéfices devaient être plus grands, et qu'il avait donné en échange des 215000 francs de la deuxième opération, 1° en argent 8000 francs ; 2° dix barriques, vin de Bordeaux; 3° cent cinquante bouteilles de vin de Bordeaux : ce qui fut accepté par les parties.

La dame Pinault a soutenu que le sieur Lambert n'avait donné à son mari que 6500 francs en argent.

Après maintes discussions, on prit jour au 3 septembre pour une nouvelle réunion. A cette réunion, l'arbitre amena le sieur Lambert à faire des propositions d'accommodement ; le sieur Bouland jeune, avoué représentant le sieur Boulouvard, demanda les propositions écrites pour les communiquer à son commettant, ce qui lui fut accordé, ainsi qu'une nouvelle réunion pour le mercredi 9 septembre, afin de répondre auxdites propositions. Cette réunion n'ayant produit aucun résultat, on la remit au mardi 15 suivant. Le sieur Boulouvard proposa de nouvelles bases pour la transaction qui ne furent point acceptées par ledit sieur Lambert. M. Bouland demanda encore une nouvelle réunion pour le 23 suivant; ce qui fut accordé. Il fut décidé que le sieur Lambert remettrait au sieur Boulouvard 21200 francs de traites qu'il avait entre les mains (les autres traites n'étant plus en sa possession et étant entre les mains des sieurs Daugny frères, Saint-Germain et Devaux), à charge par ledit sieur Boulouvard de remettre audit sieur Lambert 15000 francs dont partie serait payée par le produit de la vente des vins qui seraient remis de suite audit sieur Lambert, et le reste en traites acceptées par un négociant reconnu bon et solvable à 3 et 6 mois, et les intérêts à six pour cent. Le sieur Boulouvard ayant proposé la signature de M. Saint-Germain, elle fut acceptée. Depuis lors l'arbitre soussigné a pressé M. Bouland de terminer cette affaire en fournissant les traites que son commettant s'était engagé à remettre. Il a accordé tous les délais qu'on lui a demandés. Enfin M. Bouland voyant que tous ses efforts pour obtenir les traites étaient infructueux, a consenti à la de-demande du sieur Lambert tendant à ce que le soussigné fit son rapport au tribunal.

POINT DE DROIT.

L'arbitre soussigné a fait tout ce qui était en son pouvoir pour concilier toutes les parties. Il a fait consentir le demandeur à une réduction de vingt-cinq pour cent sur sa créance. D'un autre côté il a accordé aux défendeurs beaucoup plus de temps qu'il n'en fallait pour fournir au demandeur les sûretés qu'il était en droit d'exiger pour assurer sa créance; mais les sieurs B. G. et P. n'ont point rempli les engagemens qu'ils avaient contractés.

Pour tous ces motifs, nous pensons que le sieur Lambert doit rentrer dans tous ses droits comme porteur de lettres de change échues, et nous croyons que MM. G. souscripteur, B. accepteur, et P. endosseur, doivent payer la somme de 21200, montant des traites existant entre les mains du sieur Lambert, plus les intérêts depuis le jour de la demande, et tous les frais, et qu'ils doivent y être contraints par toutes voies de droit.

Paris, le 17 octobre 1818,

Signé HERBAULT.

(*M. Bouland, jeune.* — COPIE, N° II.)

Paris, ce 12 septembre 1818.

MONSIEUR,

POUR satisfaire à la demande que vous m'avez faite ce matin, je me suis transporté à l'entrepôt, où j'ai trouvé M. Ducaruge jeune, commissionnaire, qui m'a fait goûter les dix pièces de vin rouge de Bordeaux dont j'ai trouvé deux pièces d'une qualité très-ordinaire, quatre autres pièces supérieures aux deux premières, et quatre autres pièces encore supérieures aux quatre pièces portées ci-dessus. Ces vins là ne sont pas susceptibles de faire présentement une bonne bouteille de vin : ils sont encore trop fermes. C'est une dérision d'avoir dit au commissionnaire que ces vins étaient du cru de Lafite ; je les juge comme de nos bons crus ordinaires. J'estime que ces dix pièces peuvent valoir presentement les unes dans les autres trois cents francs, et qu'au mois de janvier dernier elles pouvaient valoir 400 francs. Il aurait été plus aisé de les vendre au mois de janvier quatre cents francs, qu'aujourd'hui trois cents francs ; en ce que ces vins là ne sont susceptibles aujourd'hui que de faire une bouteille de vin ordinaire. Il serait très-possible qu'en vieillissant ils acquissent une meilleure qualisé ; mais comme il faut se porter à ce qu'ils sont actuellement, voici mon opinion sur cet objet, et demeure avec estime,

Votre très-humble serviteur,

Pour M. RENET, *signé* PELLERIN.

(COPIE, N° III.)

MONSIEUR,

J'AI dégusté les vins dont me parle votre honorée de ce jour ; je les estime 1 fr. la bouteille, et je ne répondrais pas du placement à ce prix. Ils eussent valu 25 centimes de plus au 1er janvier dernier.

Charmé d'avoir pu vous être utile, je vous prie de disposer, en toute circonstance,

De votre dévoué serviteur,

Signé GALLOIS fils.

(*M. Lambert, Paris.* — COPIE, N° IV.)

Paris, le 21 octobre 1818.

MONSIEUR,

Tant que Madame Pinault n'est venue que seule pour me faire des propositions d'arrangement, je n'y ai eu que les égards et la foi que je devais à son sexe ; mais dès que je vous ai vu dans cette enceinte et accompagné par elle, je vous ai reçu comme si je n'avais aucun grief contre vous, parce que j'ai cru que votre visite n'avait pour but que d'en venir à une réconciliation, et c'est ainsi que madame Pinault me l'avait fait entendre, puisqu'elle me dit que vous étiez décidé à nous remettre les 29,500 fr. de traites qui servirent aux deux opérations honteuses de Bonneville et Pinault, contre 10,000 fr. d'acceptions de M. Boulouvard, à trois et six mois, qui seraient garanties par les prétentions du sieur Boulouvard sur le sieur Saint-Germain, en vous autorisant de plus à reprendre et disposer de tous les vins en pièces et en bouteilles, provenans de ces deux opérations. Elle me dit de plus que votre intention était de nous rendre passibles de tous les frais de magazinage, occasionnés par ces mêmes vins, depuis l'époque de cette malheureuse affaire.

Cette proposition, à laquelle votre aparition donna quelque poids, me parut de nature à concilier tous les intérêts, et je ne l'attribuai qu'à un retour sur vous-même qui ne faisait que votre éloge : je chargeai, en conséquence, madame Pinault de se procurer la note des frais de magazinage qu'elle m'apporta avant-hier, qui s'élève à la somme de 269 fr. qu'elle m'observa devoir être payée comptant, lors de notre arrangement. J'en attendais la conclusion aujourd'hui, ainsi qu'elle me l'avait promis ; mais son langage a été si différent, que j'ai lieu de présumer que vous vous êtes fait un jeu de sa crédulité et de ma situation ; ce qui décélerait une ame bien atroce, en considérant toute la rigueur qui avait précédé votre visite, puisque je n'ai été dépouillé de mon mobilier qu'à votre requête, ce qui m'a aliéné et frustré de toute ressource. Vous parûtes l'avoir si bien senti que vous n'attribuâtes ces excès qu'au zèle mal entendu de votre huissier, de même que l'écrou qui fut mis à votre requête, puisque vous m'en témoignâtes les plus vifs regrets.

Si ces démonstrations étaient sincères, ainsi que je me plais encore à le croire, madame Pinault doit être un être bien perfide en me rapportant vos prétentions élevées, et j'ose dire criantes, ainsi qu'elle l'a fait aujourd'hui. S'il faut l'en croire, vous l'auriez engagée à vous passer la vente des vins des deux opérations, dont est question entre nous, sur le pied de l'estimation qui en a été faite par ordre de M. Herbault, notre arbitre, et vous savez que cette estimation a été au-dessous de vos prix, de plus de 300 pour cent, ce qui démontre très-positivement que ce que vous prétendiez vendre quatre francs n'en valait guère un.

C'est ce qui m'a fait supposer que cette proposition, de votre part, n'était ni probable, ni soutenable, parce que ce serait ajouter à la première faute, qui était très-grave, une impudeur sans exemple, puisque vous vouliez ressaisir une marchandise presque pour rien, dans la proportion des valeurs que vous avez en main, en traitant d'une manière bien illicite, puisque ce n'était qu'avec la femme de notre agent, qui avait déjà trahi ou abusé de notre confiance, ce qui vous exposait, l'affaire étant encore pendante au Tribunal de Commerce, ou à des reproches bien graves, ou à une réparation qui vous eût été sensible.

Ainsi donc, monsieur, sans vouloir trop m'appesantir sur les conséquences que pourrait avoir notre affaire, si elle prenait la tournure qui m'a été détaillée aujourd'hui par madame Pinault, vous me permettrez de vous dire que désormais je n'écouterai qui que ce soit sur des propositions ultérieures. M. Herbault remplira la tâche qui lui a été imposée par le tribunal, et de mon côté, je vous promets que je ne négligerai rien pour que son rapport ait lieu le plutôt possible, puisque je ne puis espérer de liberté qu'autant que la justice aura prononcé entre nous : ce ne sont plus des sornettes qu'il me faut. J'accédais à des propositions qui me paraissaient dictées par la sagesse ; mais si je dois en être déçu mon parti est pris, et je ne reviendrai qu'autant que vous-même, sans nul intermédiaire, m'apporterez l'arrangement prêt à souscrire sur les bases qui m'ont été offertes de votre part, par Madame Pinault. Je me ferai fort, dans ce cas, d'y faire concourir M. Boulouvard dans le jour ; et pour peu que vous entendiez vos intérêts et que vous chérissiez votre tranquilité, je ne crois pas me tromper en vous disant qu'il vous convient, autant qu'à nous, de souscrire à cet arrangement, qui vous offre 10,000 fr. d'un côté.

    Plus   4000 fr. en traites, de Picaunet.
    Id.   835 fr., effet endossé par Bonneville.
           12,000 fr., vin en cercles }
            8000 fr., vin en bouteille } selon vos prix.

    TOTAL. . . . 34,835, sur lesquels nous n'avons reçu, ainsi que vous le savez, que 6500.

Si le langage austère de la vérité peut trouver accès dans votre cœur, je me flatte que vous me saurez gré de la présente, en vous priant de ne l'attribuer qu'à votre visite, parce que vous auriez eu le talent enchanteur de me faire oublier vos torts, en me manifestant des regrets, et en me promettant votre appui auprès de mes créanciers. C'est vous dire que j'aurais préféré entre nous la paix à la guerre ; mais que s'il faut se décider pour cette dernière, mes moyens sont prêts, parce que mon honneur et ma réputation l'exigent. Dans ces sentimens, je n'en suis pas moins votre dévoué serviteur,

Signé, GASSIOT.

(*M. Lambert*, *Paris*. — Copie, N° V.)

Paris, le 27 octobre 1818.

Monsieur,

Que vous n'ayez point répondu à ma lettre du 21 de ce mois, je n'y vois rien d'étonnant, parce qu'il est des choses qu'on ne peut ni avouer ni contester par écrit, sans se rendre répréhensible ; mais que vous ayez manqué de venir me voir, ainsi que je vous y invitais par ma susdite lettre, et ce que j'ai fait depuis par le canal de Madame Pinault, à qui j'ai déclaré très-positivement que, s'il s'agissait d'un arrangement, je ne voulais avoir à faire qu'à vous, et avec vous seulement.

Cette détermination de ma part devrait, ce me semble, vous flatter, puisqu'elle prouve l'effet salutaire que produisit sur moi votre visite, et l'assurance surtout que vous me donnâtes de m'être favorable dans l'arrangement général que je me proposais ; m'auriez-vous trompé ? Je ne vous demande d'autres grace que celle de me dire franchement la vérité, parce que vous connaissez ma position ; vous savez de plus combien le temps que je perds ici pourrait m'être précieux ; vous savez enfin que je ne puis plus différer d'être fixé entre nous, de la guerre ou de la paix.

Or, si tout ceci vous est connu et si vos dernières démonstrations étaient sincères, pourquoi auriez-vous dédaigné la proposition que contenait ma lettre, qui n'était que la confirmation ou la répétition de celle qui me fut transmise, de votre part, par Madame Pinault? Je vous avoue que je ne puis croire à cette duplicité qu'autant que vous garderez le silence au reçu de la présente. Ainsi donc, si je ne vous vois pas dans le courant de la semaine, ou si je ne reçois rien directement de vous, je me replace naturellement en état d'hostilité ; et ne croyez pas que ce langage de ma part ait pour but de vous intimider, puisque je vous ai déjà déclaré que l'apparence de paix m'avait fait goûter quelques charmes, et j'ajouterai aujourd'hui que si pour l'effectuer vous teniez à être remboursé comptant des 6500 fr. que nous avons reçus, vous m'y trouveriez prêt, puisque ces 6500 fr. seront exhibés à l'audience du tribunal, en cas de non arrangement, pour être déposés ensuite à la caisse d'amortissement, jusqu'à la fin de nos débats.

Vous voyez par-là que toutes mes batteries son prêtes, et que si j'en agis avec tant de franchise, c'est que d'un côté je suis certain de l'annulation de la vente que vous croyez pouvoir soutenir, et que de l'autre, si nous pouvons nous entendre avant d'en venir là, vous finirez par m'en savoir bon gré, en me todant la main de bon cœur, malgré l'énergie et l'espèce de dureté que comportent mes lettres, que vous ne pouvez attribuer qu'à la nature de l'affaire, vu que je ne puis en conscience compromettre mes droits et encore moins ceux de mon ami.

J'attends donc que vous vous prononciez, en vous priant de me croire votre très-humble serviteur,

Signé, GASSIOT.

IMPRIMERIE DE BAUDOUIN FILS,
RUE DE VAUGIRARD, N° 36, PRES LA CHAMBRE DES PAIRS.

www.ingramcontent.com/pod-product-compliance
Lightning Source LLC
Chambersburg PA
CBHW071440060426
42450CB00009BA/2258